Claudia Schreiber

Beipackzettel zum Mann

Claudia Schreiber

Beipackzettel zum Mann

Risiken und Nebenwirkungen
der Liebe

sanssouci

Unser gesamtes lieferbares Programm und
viele andere Informationen finden Sie unter
www.sanssouci-verlag.de

1 2 3 4 5   16 15 14 13 12

ISBN 978-3-8363-0327-9

© Sanssouci im Carl Hanser Verlag, München 2012
Einbandgestaltung: Hauptmann & Kompanie, Zürich
Satz im Verlag
Druck und Bindung: CPI – Ebner & Spiegel, Ulm
Printed in Germany

Für meine Freundin Ortrud

Inhalt

Wichtiger Hinweis *9*

Sicherheitsinformationen *10*

Beipackzettel zum Mann® *12*

Liebesvereinbarung *14*

Vermischte Meldungen *17*

Fußball-Liebe – Live-Reportage vom Bettrand *20*

Ausgewählte Männerlagen *24*

VHS Königs-Wusterhausen – Kursangebote für Männer *30*

Gebrauchsanweisung bei Inbetriebnahme von
  Beziehungen *33*

Verhalten des Mannes beim Stellungskampf *34*

Erläuterungen zum Ehepflichtgesetz *36*

Rechtstipp: Entsorgung von langjährigen Partnern *39*

Stellenanzeige *40*

AGB zur Liebesversorgung in Ehen und eingetragenen
  Partnerschaften *42*

Festrede eines Topgatten anlässlich des 25-jährigen Bestehens
  seiner Ehe *44*

Sicherheitsunterweisung im Verkehr *46*

Bußgeld- und Punktekatalog des Bundesministeriums für
  Verkehr, Beziehungsaufbau und -entwicklung (BMVBE) 48

Liebeseignungstest (MPU) 52

Testbericht Männerbekanntschaften 54

Anzeige »No Touch« 57

Aus dem Wissen-Ressort: SkillsLabs® - Doktorspiele
  für den Ernstfall 58

Rücktrittserklärung eines Familienvorsitzenden 60

Rechtstipp: Der Jedermann-Paragraf 62

Nachbemerkung 64

Wichtiger Hinweis

Dieses Buch kann Betriebsgeheimnisse oder sonstige vertrauliche Informationen enthalten. Sollten Sie es irrtümlich erhalten haben, benachrichtigen Sie sofort die Autorin oder verschenken Sie das Werk.

Sie dürfen dieses Buch nicht an humorlose Dritte weitergeben. Die enthaltenen komischen Zusatzstoffe können sonst Schluckbeschwerden oder wiederholtes Aufstoßen zur Folge haben.

- Verwenden Sie für den Ehebetrieb ausschließlich den mitgelieferten Partner.

- Schalten Sie Ihren Partner erst langfristig ein, wenn alle externen Liebschaften abgeschaltet wurden.

- Bitte achten Sie darauf, dass Vertrauen leicht zugänglich bleibt, um einen reibungslosen Ablauf der Beziehung zu gewährleisten.

- Bei der Installation eines gemeinsamen Hausstandes ist immer auf ausreichenden Sicherheitsabstand zur Verwandtschaft zu achten.

- Reparaturarbeiten an Liebesbeziehungen sind ausschließlich von autorisierten Fachleuten wie Pfarrern oder Therapeuten durchzuführen. Ziehen Sie niemals Freundinnen oder die Eltern hinzu, da sonst jegliche Garantieansprüche erlöschen.

- Zur Vermeidung von Streitereien und Tellerwerfen darf ein Partner weder Dauerregen noch Feuchtigkeit oder Gefühlskälte ausgesetzt werden.

- Den Mann oder die Frau unter keinen Umständen zerlegen oder Temperaturen über 100° Celsius aussetzen. Bei unsachgemäßer Behandlung besteht Explosionsgefahr.

- Der Betrieb eines Liebesspiels während Gewitter, Stromausfall und Urlaub ist zu empfehlen.

- Der Körper von Liebenden ist mit Teilen versehen, die so ausgestattet sind, dass sie zu Augenschäden führen können. Betrachtungen sind ausschließlich von autorisierten Partnern durchzuführen. Das Betrachten und Berühren von Problemzonen ist unbedingt zu vermeiden.

- Zur vollständigen Trennung einer Ehe ist der Ring abzunehmen.

- Nicht mehr einsatzfähige Partner sind ordnungsgemäß zu entsorgen! Trennen Sie sich, wenn Ihr Partner fremde Geräte eingeschaltet hält und deswegen »Batterie leer« signalisiert.

- **Hinweis:** In einigen Regionen ist die Entsorgung von ausgedienten Partnern im Hausmüll untersagt.

Mann® lebend/ 70–110 kg

Liebe Patientin!

Bitte lesen Sie diese Gebrauchsanweisung aufmerksam durch, weil
sie wichtige Informationen darüber
enthält, was Sie bei der Anwendung
eines Mannes beachten sollten.
Wenden Sie sich bei Fragen bitte an
Ihre Freundin oder Mutter.

Gebrauchsinformation
Mann® lebend/70–110 kg

ZUSAMMENSETZUNG:
Mann® lebend/70–110 kg enthält:
Wirkstoff: Testosteron und Emotion
Sonstige Bestandteile: Sauerstoff,
Kohlenstoff, Wasserstoff, Stickstoff
und Calcium

DARREICHUNGSFORM:
klein, mittel, groß, dünn, schlank,
dick

WIRKUNGSWEISE:
anregend und beruhigend zugleich

ANWENDUNGSGEBIETE:
Nehmen Sie einen Mann® le-
bend/70–110 kg zur traurigkeits-
lösenden Therapie bei chronischer
Sehnsucht des Herzens (Langzeit-
therapie) ein. Auch geeignet bei
akuten Östrogenstauungen (Kurz-
zeittherapie).

GEGENANZEIGEN:
Sie sollten Mann® lebend/70–110
kg meiden bei bekannter Überemp-
findlichkeit gegen Sockenschweiß
und bei Vorliegen einer Stoppel-
bart-Intoleranz. Im Straßenverkehr
sowie an der Arbeit mit Maschinen
ist die Anwendung von Mann® le-
bend/70–110 kg nicht ratsam.

DOSIERUNG, ART UND DAUER DER ANWENDUNG:
Während einer Attacke bis zu
dreimal täglich möglich, zur Lang-
zeitbehandlung ist eine deutlich
niedrigere Dosierung angeraten.

ANWENDUNGSFEHLER UND ÜBERDOSIERUNG:
Wenn Sie Mann® lebend/70–110 kg
einmal vergessen haben, drücken

Sie ihn baldmöglichst fest an Ihre Brust; es sind dann keine weiteren Nebenwirkungen zu erwarten.

Bei Überdosierung von *Mann® lebend/70-110 kg* sind bei einigen Patientinnen Vergiftungserscheinungen beobachtet worden. Von kurzzeitiger Unruhe ist berichtet worden. Bei extremer Überdosierung können Würgereiz, Erbrechen und Blutdruckabfall auftreten, die bei den meisten Patientinnen zum sofortigen Absetzen des Mannes führen muss.

NEBENWIRKUNGEN:

Zu Beginn einer Behandlung mit *Mann® lebend/70-110 kg* treten folgende Nebenwirkungen auf: Bauchkribbeln, Herzrasen, Erröten, Schwindelgefühl und Hitzewallungen. Bei langer Anwendung können sich gelegentlich Unverträglichkeitsreaktionen zeigen (Schwellung des Halses). In nicht wenigen Einzelfällen tauchen heftige Reaktionen verbunden mit schweren Herzstörungen auf (Schock). In solchen Fällen muss sofort eine Freundin zu Hilfe gerufen werden.

HALTBARKEIT:

Das Verfalldatum von *Mann® lebend/70-110 kg* beginnt bei extremer Ausdehnung in die Breite oder bei eklatant egoistischen oder gar aggressiven Störungen seines Liebessystems. In solchen Fällen sollte *Mann® lebend/70-110 kg* auch vor dem Verfalldatum nicht mehr geschluckt werden. Nach Ablauf der Haltbarkeitsfrist ist *Mann® lebend/70-110 kg* nur noch höchst solvent wirksam bei Damen um das 20. Lebensjahr, alle anderen Packungsgrößen sind im Hausmüll zu entsorgen.

Lagern Sie *Mann® lebend/70-110 kg* unmittelbar vor der Einnahme in Ihrer Nähe auf einer bequemen Unterlage nicht unter +2°C und nicht über +30°C.

Für andere Frauen unzugänglich aufbewahren!

22A708/DE/1

Liebesvereinbarung

<u>UR.Nr.846/2011</u>

Verhandelt zu Köln am 12. November 2011
Vor mir,

> Dr. Hansmanfred Flensberger
>
> Notar für den Oberlandesgerichtsbezirk Köln
> mit Amtssitz in Köln,

erschienen:

Frau Herta Maria Huber, geb. Weber, geboren am 30.
April, das Jahr sagt sie nicht, wohnhaft in Köln-
Altstadt, ausgewiesen durch Bundespersonalausweis

Herr Bertold Hering, geboren am 7. Oktober, er macht
sich nichts daraus, dass er jünger ist als sie,
wohnhaft in Köln-Braunsfeld, ausgewiesen durch Rei-
sepass.

Die Erschienenen erklärten zur Niederschrift folgende

Beziehungs- und Liebesvereinbarung:

1. Vorbemerkung

Wir haben uns am gestrigen elften Elften in einer
Südstadtkneipe, an deren Namen sich keiner von uns
mehr erinnern kann, kennengelernt. Nach dem Konsum

von pro Person 23 Kölsch (in Worten: dreiundzwan-
zig) und einigen gemeinsam gegrölten Karnevalsschla-
gern vollzogen wir hinter den Bauzäunen am Alter
Markt den außerehelichen Verkehr. Wir sind deutsche
Staatsangehörige. Bisher haben wir keine beziehungs-
vertraglichen Vereinbarungen getroffen.

2. Bemerkung zur Regelung des Umgangs

Wir treffen folgende Vereinbarungen, die – soweit
gesetzlich zulässig – sofortige Wirksamkeit erlan-
gen sollen:

1. Laufzeit
   Spätestens nach Ablauf der Session werden
   wir uns nicht wiedersehen.

2. Wohnsitz
   Wir haben zum jetzigen Zeitpunkt keinen gemeinsamen Wohnsitz gegründet und wollen das
   auch nicht tun.

3. Güterstand
   Wir erklären hiermit, dass wir in relativ
   gesicherten Vermögensverhältnissen leben,
   und damit ausreichende Mengen Kölsch zu beschaffen in der Lage sind. Wir vereinbaren
   bei anstehender Festivität getrennte Kasse.

4. Sorge und Umgangsrecht
   Aus unserer Beziehung werden lediglich sexu-
   elle Ausschreitungen hervorgehen, jedoch ist
   uns beiden auf dem Weg nach Haus eine Katze
   nachgelaufen. In gegenseitigem Einvernehmen

werden wir uns um die Pflege dieses Tieres
kümmern. Am Aschermittwoch wird die Katze
bei demjenigen verbleiben, dem sie hinter-
herläuft.

1. Verschwiegenheitsklausel

    _ ... _

2. Verzicht
    Die Vertragsschließenden verzichten gegen-
    seitig auf nachkarnevalistische Liebesbe-
    zeugungen. Dies gilt für jede Form von Zärt-
    lichkeit, auch für den Fall der Not. Der
    Zärtlichkeitsverzicht wird jedoch unter ei-
    ner auflösenden Bedingung erklärt: Wird der
    Karneval abgeschafft, wird der Verzicht
    für nichtig erklärt, eine karnevalistische
    Grundhaltung gilt dann das gesamte Kalender-
    jahr hindurch.

    3. ~~Zustimmung der Ehegatten~~
        ~~Die Ehegatten der Vertragspartner stimmen~~
        ~~dieser Erklärung zu und dulden die Folgen~~
        ~~dieser Vereinbarung stillschweigend.~~

Diese Niederschrift wurde den Erschienenen vom Notar vorgelesen, ~~von ihren Ehegatten genehmigt~~ und
von ihnen und dem Notar eigenhändig unterschrieben:

Herta Maria Hiltes
Bertold Hering
Dr. Hans-Achim Flensburger

Rudolf Schmitt kurz vor der Ablösung?

Düsseldorf (RPO). Rudolf Schmitt steht bei Ehefrau Gerda vor der Ablösung. Nach einem läppischen Geburtstagsgeschenk und einem Seitensprung droht ihm kurz vor der Silberhochzeit die Entlassung.

»Das ist eine desolate Leistung von ihm. Ich bin sehr enttäuscht. Es ist ein bitterer Moment«, sagte Gerda Schmitt ohne große Gesten. Sie kündigte nach einem desaströsen Wochenende umgehend Gespräche an, die schon in der Nacht begannen und am Montag fortgesetzt werden sollen.

»Zunächst einmal werde ich Maßnahmen einleiten, damit wir die kommende Woche so gestalten, dass wir weiterkommen«, sagte Gerda auf die Frage, ob es eine Option wäre, dass Rudolf bald nicht mehr ihr Ehemann ist. »Meine Freundinnen, meine Mutter und ich werden das diskutieren. Wir werden uns mit Rudolf hinsetzen, seine Bank-auszüge einsehen und danach entscheiden.«

Ein klares Bekenntnis sieht anders aus. Ein wichtiger Faktor bei der Entscheidung um Rudolfs Zukunft mit Gerda wird die Frage nach möglichen Alternativen sein. Ernsthafte Kandidaten sind kurzfristig nicht verfügbar, zudem ist fraglich, was ein neuer Mann in wenigen Tagen ändern kann. Dennoch könnte Gerda versuchen, nach dem verkorksten Sommer das laufende Beziehungsjahr mit einem Interimspartner zu gestalten, und dann für die nächste Saison einen neuen, erfahrenen Gatten installieren.

Rudolf wollte dazu keine klare Stellung beziehen: »Ich habe keinen Bock, über irgendwelche Verhältnisse zu reden. Das ist alles negativ. Ich habe am Donnerstag ein wichtiges Meeting, und ich möchte alle Kraft sammeln, damit ich beruflich meine Ziele erreichen kann.«

Keine Angst vor der Trennung

Saarbrücken (Wild und Hund). Ihr erster Abschuss hat sie schockiert, dabei hatte Waltraud Roller sich gut vorbereitet: Das Gewehr war verstaut, das Fernglas umgehängt, sie trug lange Hosen, eine Mütze, um die ersten grauen Haare zu verbergen, und bequeme Schuhe, schließlich wusste sie nicht, wie weit sie laufen würde, um ihn aufzutreiben.

Dann plötzlich, mitten im Großstadtrevier, schlich ihr der Mann ins Fadenkreuz. Klein und verängstigt. »Ich musste mich sehr überwinden zu schießen«, meint die Männerjägerin. Warum sie trotzdem abdrückte? »Wir tun ja Gutes«, sagt sie. »Wir übernehmen die Rolle der natürlichen Feinde.«

Ähnlich erlebte es Peter Müller: Er zitterte bei seiner ersten Trennung am ganzen Körper. »Ich schieße schließlich ein Lebewesen ab«, sagt er. Seine Mutter saß neben ihm, das beruhigte ihn ein wenig.

Insgesamt gibt es allein in Hessen 835 Trennungen pro Tag. Die Bankkauffrau Waltraud Roller, 45, und der Kammersänger Peter Müller, 39, gehören dazu. Und es werden mehr, sagt der Sprecher des JuristInnenverbandes, Kai Huffinger: »Wir spüren einen leichten Anstieg.« Vor allem freue ihn, dass sich zunehmend auch junge Menschen für eine gewaltsame Trennung interessierten. Allerdings liegt deren Anteil noch immer bei unter zehn Prozent. »Es dürften gerne mehr sein.«

Frauen haben nichts dagegen, mit ihren Partnern alt zu werden, betont Waltraud Roller: »Wir lieben die alten Zausel, aber wir müssen uns, auch wenn es hart klingt, von schwachen und kranken Männern trennen, die früher von Wölfen gerissen worden wären.«

Glückliche Absolventen: Daniel Kuhn (M.) mit den einzigen Frauen seines Lehrgangs.

Trauschein gemacht

Kassel (ddp). Daniel Kuhn hat viel Zeit und Geld investiert, um den Trauschein zu machen. Das sogenannte »Weiße Abitur« sei schwieriger zu bekommen als jeder Schulabschluss, sagte der 22-Jährige, nachdem er die Prüfung abgelegt hatte. »Ich war ohnehin wegen des Studiums in einer Lernphase, da kam es auf eine Prüfung mehr oder weniger nicht an.«

Über ein halbes Jahr besuchte er jeden Samstag einen Lehrgang. Abends setzte er sich an die Bücher und lernte: Hormone, Kochrezepte und Familienrecht, den adäquaten Transport einer Frau und das Beenden von Partys, das sogenannte Aufbrechen. Das Lernen für den Trauschein habe mehr Spaß gemacht als das Studium, meint Daniel Kuhn. Er bestand auf Anhieb. Das ist nicht selbstverständlich: Die bundesweite Durchfallquote liegt bei 25 Prozent. Er findet es gut, dass die Prüfung so schwer ist. »Wenn jemand zu einem Gebiet nichts weiß, darf man diese Person nicht auf einen Menschen loslassen«, sagt er. Für Lehrgang und Trauschein bezahlte Daniel Kuhn 1000 Euro. Ohne die Unterstützung seines Vaters hätte er sich das nicht leisten können. Viele, erzählt er, besuchen solche Kurse ohne Vorkenntnisse und ohne Praxiserfahrung. Das rächt sich. Wer nur komme, weil Mutti sich eine Schwiegertochter wünscht, schaffe die Prüfung selten.

FUSSBALL-LIEBE –
LIVE-REPORTAGE VOM BETTRAND

Da ist der Pfiff, der Kölner spielt von links nach rechts im rot-weißen Hemd. Noch zögernd, wartend, abtastend, dann legt er sein Spielgeschehen in die Hälfte der Frau. Die hat sich das mit ihm gewünscht, obwohl der Bayer hier gern aufgelaufen wäre.

Der Kölner versucht, ihren eher leichten Abwehrriegel zu knacken, kommt näher! Hat aber ein Bein dazwischen, oder war´s doch die Hand? So was hat man selten gesehen, gleich zu Beginn. Da ist schon der Murks im Spiel. Aber ich meine, meine Damen und Herren, wir sollten dennoch die Daumen drücken!

Nun einmal rechts, einmal links, dazwischen endlich ein traumhafter Lupfer über ihre Schulter. Erneut dribbelt er mit direkter Vorlage flach auf sie zu, hält sie provozierend auf Distanz, sie schwächelt. Ein Abstoß mit wohldosierter Kraft – ... aber was ist denn, was ist denn das? Ein übler Treter! Nicht so, mein Junge!!

Er kommt nun nach innen, dribbelt. Immer noch gedribbelt. Zielt jetzt auf ihren Bauch. Und?

Vorbei! Jammerschade. War wunderbar herausge-
spielt mit dem rechten Außenrist, das muss man
einfach anerkennen. In der fünften Minute hält
der Mann jetzt direkt auf ihr Gesicht, doch die
Frau ist in der Abwehr sehr konzentriert.
Das kann ja nicht alles sein, dieser Mann mit
dem Gefühl in den Beinen versucht es jetzt
bei ihren Flanken. Diesmal zu kurz ausgeführt,
halbherzig, die Liebesmaschine kommt rich-
tig ins Stottern. O wei o wei o wei, Zentime-
ter fehlen!
Er zieht sich jetzt zurück in seine eigene
Hälfte, bringt Ruhe ins Geschehen, überspielt
nun mit nur zwei, drei Akzenten den gesamten Innenraum der Frau, so muss man es ja machen, prima gemacht, er ist wieder da. Geh doch
schneller, geh doch schneller!; aber er tut
es nicht. Nun doch eine gezielte Offensive, er
vergisst wenigstens für eine Sekunde seine Mü-
digkeit, köpfelt vor ihrer Brust, Pass — vorbei! Erneuter Versuch, er hat den Ball noch,
dreht sich, und? Er wuchtet das Ding in die
Lücke! Oder? O ha! Die Frau protestiert, er war
nicht drin!
Diskussionen am Bettrand. In dieser wichtigen
Sekunde eine neue Tak-
tik, ein Positions-
wechsel? Er hat alles
gut gemacht bis jetzt,
mit seiner herrli-
chen Aggressivität,
mit diesem Siegeswil-

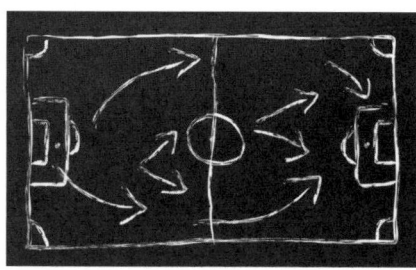

len auf dem Weg zu ihr hin: der Mann aus Köln.
Aber hier stört eine alte Verletzung, oh-oh-oh,
die Kreuzschmerzen!
Pass über die Flügel. Vertändelt. Mit hal-
ber Spielfreude nimmt er nun ihre Brust, fum-
melt rechts, sie dreht sich ungeschickt aus dem
Winkel heraus, wird gelegt und - und? Prallt
hart auf den Teppich. Was für ein Gezeter! Hei
hei hei! Die gestürzte Frau führt ja gerade-
zu eine schlechte Mailänder Oper auf, die em-
pörte Gestik ist nicht angebracht, dafür müsste
sie Gelb sehen. Sie sollte wissen, wann man dem
Gegner in die Socken getreten hat, sie hat doch
den Konter provoziert!
Vier Minuten noch.
Der Kölner muss jetzt seine letzten Kräfte auf-
bieten, wenn er noch was machen will. Viel-
leicht eine Möglichkeit aus der zweiten Rei-
he? Der Schiedsrichter schaut auf die Uhr! Nor-
malerweise wäre man geneigt zu sagen: Hier ist
nichts mehr drin im Spiel, er soll warten bis
zur nächsten Begegnung. Doch mit letztem Einsatz geht das da nach vorn, wunderbar heraus-
gespielt ... da ist er, da ist er wieder! Die
Taktik hat sich bezahlt gemacht, die Frau gibt
ihm seine letzte Chance: Freistoß!
Er nähert sich, wie gewohnt aus dem Nichts kom-
mend. Ein Bombenschuss aus elf Metern Ent-
fernung, da knallt sie gegen seine Latte, er
springt ins Aus. Ou, ou, ou! Das ist Pech.
Er hatte quer gespielt zum Oberschenkel, die
Kölner Schulter scheint angeknackst. Da fehlt

das echte Balancegefühl, es gibt Diskussionen.
Wir wissen nicht, wann sie austauschen wird.
Eine Minute noch. Sein Mund liegt nun erstaunlich gut im unteren Mittelfeld, doch die Frau
hat unentwegt gelbe Karten in der Hand, als
Mann hinter den Spitzen sei er zu schwach, das
nimmt ihm jede Moral, im entscheidenden Moment
küsst er, na?! Vorbei! Dilettantisch, man kann
ja fast Mitleid haben.
Kein schönes Spiel mehr jetzt, der Mann wirkt
sichtlich zurückgezogen in der eigenen Hälfte,
er versucht mit Haken und Ösen, über die Zeit
zu kommen.
Im Flur hat sich unterdessen der Bayer warm-
gelaufen, er lauert am langen Pfosten – und
springt dazwischen!
Nein! Meine Damen und
Herren, er springt
mitten hinein ins Ge-
schehen! Er hat sich
vor Spielfreude ein-
fach nicht mehr zu hal-
ten gewusst. Mein Gott,
das ist ja widerlich,

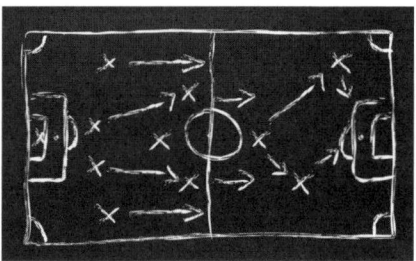

was hier gespielt wird, da liegen diese beiden übereinander! Halten Sie mich für verrückt,
halten Sie mich für übergeschnappt, aber das
habe ich noch nicht gesehen. Die Frau hat abge-
pfiffen, die Partie ist für den Kölner verlo-
ren, Massage wird von rechts gegeben, der Bayer kann die Korken locker machen. Aus! Aus! Das
Spiel ist aus!

Ausgewählte Männerlagen

Nicht nur Chile oder Südafrika, auch Europa hat Schätze zu bieten, sie wollen bloß gehoben werden. Die feinsten Männer leben in England, deutsche Gatten sind weniger prickelnd als spanische, polnische Bauern sind robuster als südfranzösische – man kennt die Klischees. Und doch macht die Natur jeden Jahrgang anders, ein neugieriges Probieren immer neuer Männer ist deshalb empfehlenswert und nebenbei das erfreulichste Studium, das man sich ausmalen kann.

Jede nimmt sich den Mann, der ihr gefällt. Zwar gibt es immer wieder Geheimtipps und Erfahrungswerte, doch die Überheblichkeit einiger Frauen, andern ihren elitären Geschmack aufzuzwingen, gehört durchweg der Vergangenheit an.

Ein Mann von der Mosel

In der Mitte des 19. Jahrhunderts ging es den Moselmännern wirtschaftlich so schlecht, dass viele nach Amerika auswandern mussten und Karl Marx ihr damaliges Elend beschrieb.

Zum Glück sind ein paar daheimgeblieben. Denn heutzutage reifen da Kerle von unnachahmlicher Eleganz, gerühmt in aller Welt. Der Mann von der Mosel ist zart, leicht, munter, fast prickelnd, frisch säuerlich, betörend fruchtig mit raffinierten mineralischen Untertönen. Ein Mann mit Rückgrat, dabei vielfältig und facettenreich. Der weibliche Gaumen erlebt bei einem Kuss von ihm ein raffiniertes Spiel von dahingetupften und doch lange nachklingenden Aromen. Am besten mundet er mit einem nur zu ahnenden Hauch reifer Süße, also zwischen seinem 30. und 40. Lebensjahr.

Korpus: Kopfnote:

Der Rheinländer

In Deutschlands Flusstälern herrscht ein Klima, in dem Männer sich besonders wohlfühlen. Erstaunlich und verwirrend ist die Vielfalt, nirgendwo sonst gibt es so unterschiedliche Herren.

Zärtlich und vor allem unterhaltsam soll ein Mann sein, so sieht es die neue Generation Frauen. Welcher könnte dem besser entsprechen als ein Rheinländer, der, nuancenreich und robust beim Feiern, nie langweilig wird. Das Geheimnis seines Erfolges liegt in seiner enormen Flexibilität: Er macht in Jeans und Dreiteiler eine gute Figur.

Leider ist er wegen der großen Nachfrage rar geworden, wenige freie Rheinländer sind noch in Koblenz und Eltville zu finden.

Korpus: Kopfnote:

Der Franke

Der fränkische Mann weiß sehr wohl, was er an seinem Bauch hat, der so viel Bedächtigkeit ausstrahlt. Jeder Mann dürfte sich glücklich schätzen, wenn ihm solch ein Bauch gelänge: so unverkennbar, wertig und zuverlässig, so gemütvoll und erdverbunden, standfest und handlich dazu.

Franken gelten als Besonderheit, dem sich nur sehr anspruchsvolle, aber auch abgehärtete Frauen nähern. Mit der herben, betont erdigen Art können viele Damen nichts anfangen.

Er ist ein Mann zum Meditieren, zum Abtauchen in seine Vergangenheit, die aus Millionen Jahren alter Stoffe des Urschlicks hervorgegangen ist. Kurt Tucholsky merkte an, er »möpsele« nach, und bedauerte, dass er ihn nicht streicheln könne. Was ihm verwehrt, ist den Damen erschlossen, wenn sie eine Reise Richtung Würzburg wagen.

Korpus: Kopfnote:

Der Hanseat

Sonne tut Männern gut, doch brauchen sie hin und wieder auch ein kühleres Klima, damit sie sich erholen können. Davon hat ein Hanseat zur Genüge. Häufig wird er unfrisiert angeboten, da er meist im kräftigen Wind steht. Im günstigen Fall verleiht ihm seine verwuschelte Art eine besondere Niedlichkeit. Er ist eine Köstlichkeit, die lange lagern sollte und nicht vor seinem 50. Lebensjahr genossen werden darf. So gereift, überrascht er mit immer neuen Nuancen: Natur pur und ungesüßt, mit herber Frische und einem Duft nach Meersalz und im Abgang leicht moosig.

Korpus: Kopfnote:

Der Primeur

Er hat gerade mal sein Abitur gemacht, wurde schnell erwärmt, anschließend erlitt er einen Kälteschock (durch Realitätsfrost) und wirbelte schließlich im Ausland herum. Nur vier Wochen danach erscheint er auf allen möglichen Partys und Events, Vernissagen oder Konzerten. In der ganzen Welt angekündigt, reißen sich die Damen um ihn. Unter Kennerinnen fallen die Ansichten über diesen sehr jungen Mann allerdings eher negativ aus: »Ein Anfänger? Nein, danke!«

Doch passt der Kindskopf in unsere Zeit, die rasche Reize sucht und nicht warten will. Sie lässt wenig Raum für die Muße, sich in einen reifen Mann zu verlieben wie in ein gutes Buch.

Korpus: Kopfnote:

Der Italiener

Die Sprache macht's: Ein Name wie Giuseppe klingt verführerisch, spricht sich dreimal süffiger aus als das rauhe deutsche Wort Josef, obwohl es derselbe Name ist.

Sein Geruch ist delikat, der Geschmack trocken, manchmal leicht und flüchtig perlend. So einen himmelstürmenden Mann trifft man auch höchstens zweimal im Jahr. Aber wenn, dann erleben Sie einen göttlichen Genuss, schlicht und übersteigert zugleich, eben italienisch.

Korpus: Kopfnote:

Die Iberer

Noch vor Jahren hatten wir den Iberer zu selten gesehen: Die Pyrenäen erschienen wie eine Mauer, zu Südamerikanerinnen hatte er stets innigere Beziehungen, allein wegen der Sprache. Doch dann herrschte Aufbruchstimmung, Europa begann sich zu öffnen. Gewaltige Summen flossen in den Bau neuer Straßen Richtung Norden, aus Gegenden mit nie gehörten Namen kommt er inzwischen zu uns.

Wer einen Spanier zum ersten Mal trifft, ist berauscht von seinen verführerischen Düften nach Veilchen und Johannisbeere. Er will genossen werden wie eine alte Orgelfuge, wer ihn küsst, kann Kulturgeschichte schmecken. Viele Spanier sind trocken, dabei aber relativ körperreich und mit einem feinen Schmelz ausgestattet.

Wenn Sie einem Portugiesen begegnen, pfeifen Sie auf alle Verpflichtungen, und versenken Sie sich in diesen Schatz. Bewundern und genießen Sie die Portugiesen, die einen Umsturz ohne Blutvergießen schaffen, die den Stier nach dem Kampf wieder laufen lassen und den Dingen ihre Zeit geben wird. Wer weiß, wie lange es solche Männer noch geben wird.

Korpus:    Kopfnote:

Der Franzose

Er ist ein markanter Mann, seine Eigenheiten sind relativ leicht zu erkennen. Ein Franzose gehört zu den kommunikationsstärksten und gepflegtesten Begleitern, allerdings reagiert er sensibel auf den jeweiligen Standort und das entsprechende Klima. Ein Frühling mit ihm in der Provence kann der Höhepunkt eines Liebeslebens werden, lediglich bei heißer Witterung zeigt er weniger Frische und Klarheit. Mit ihm lassen sich vorzüglich Aperitifs vermischen. Ein Hausbau kann seinen Charakter angenehm verstärken, wohingegen eine Campingtour ihn möglicherweise ruiniert.

Korpus: Kopfnote:

KÖNIGS-WUSTERHAUSEN
KURSANGEBOTE FÜR
MÄNNER

Kurs-Nr. 8001
jeden zweiten Samstag im Monat

Die Selbstreinigung schmutzigen Geschirrs

Mit Videobeispielen dokumentierte Zerstörung einer Illusion.

Kurs-Nr. 8002
Freitag und Samstag, 17. und 18.3.

Wie werde ich der ideale Einkaufsbegleiter?

Wir besuchen eine Design-Boutique und ein größeres Schuh-
geschäft. Einweisung in Meditations-, Entspannungs- und Atem-
techniken.

Kurs-Nr. 8003
wöchentlich Dienstag, 18:00 bis 18:30 Uhr

Verhaltenstraining bei Ehebruch

Tiefe Ruhe wird erreicht durch Entspannungsmethoden aus dem
Yoga, Fokussierung auf den Atem oder durch Wiederholung des
Mantras »Ich verzeihe, ich verzeihe, ich verzeihe.«

Kurs-Nr. 8004
Samstag, 11. 11., 11:00 Uhr

Einführung in die Einführung

Alles was dazu benötigt wird, sind die Hände, die wir uns selbst
und auch gegenseitig auf die Hauptenergiepunkte an unserem un-
bekleideten Körper legen. Durch das Anregen dieser Stellen lassen
sich allerlei Beschwerden lindern und gute Laune kann sich unge-
hindert entfalten.

Kurs-Nr. 8005
Montag, 14. Oktober von 20:00 bis 20:05 Uhr

Was denken Männer?

Eine Kursgebühr wird nicht erhoben.

Kurs-Nr. 8006
wöchentlich Freitag, 18:00 bis 20:00 Uhr

Was ist eine Frau? – Wo findet man sie?

Eine Frau ist in einer heterosexuellen Beziehung für Männer von
großer Bedeutung. Kennenlernen einiger Flirtmodelle anhand von
Beispielen. Der Kurs richtet sich an Anfänger.

Kurs-Nr. 8007
wöchentlich Montag, 19:00 bis 22:00 Uhr

Was ist eine Frau? – Wie meidet man sie?

Schwierige Gespräche erfolgreich vermeiden. Kennenlernen einiger
erfolgversprechender Ausflüchte anhand von Beispielen.
Der Kurs richtet sich an Fortgeschrittene.

Kurs-Nr. 8008
Sonntag, 9.4., 10:00 bis 11:30 Uhr

»EINMISCHEN!«

So heißt der aktuelle Senioren-Themenschwerpunkt des Jahres.
Es geht um Enkel oder Frisur, Berufswahl, Krippenplatz und Weihnachten, es geht aber auch um Verhütung und Ehebruch der er-
wachsenen Kinder. Neben dem persönlichen täglichen Auftauchen
wird das Mobiltelefon mit Flatrate als Mittel elterlicher Partizipation
immer wichtiger. Wir führen zudem in die ultimativ perfekte Ein-
mischung ein: eine Skype-Standleitung von Haus zu Haus.

Kurs-Nr. 8009
wöchentlich Samstag, 20:00 bis 22:00 Uhr

»Ick liebe dir mit Herz und Mund!«

An mehreren Samstagen werden Ihnen zunächst wichtige Grund-
lagen in Kompliment und Minnegesang vermittelt. Anschließend
werden wir uns intensiv mit Befruchtung und Säuglingspflege
beschäftigen. Eine Exkursion in den Bereich Prostitution und Ehebruch steht zum Abschluss an.

GEBRAUCHSANWEISUNG BEI INBETRIEBNAHME VON BEZIEHUNGEN

pozorně
stěte se, že
e dříve, než
dou zahájeny
/ vztah,
šít.
nformace,
filo riziko
rtnera a slíbil,
ečí. Musíte
oci, aby se
zniku zneužití
ohou způso-
ečí. Mějte po
na návod
ší použití.
nastavení
vztah s
vybrat, abso-
t, že některé
ou první čtyři
amení off.
/ vzhled nahé
oýt poškození
sky, protože
bící funkce
ální, když je
oodivnost

zor na nabíd-
Ředidla,
o líh jako
tejlů zkazit

hcete mít
ystému, než

Lesen Anleitungen
sorgfältig und vergewis-
sern Euch, dass Hinwei-
se verstehen, bevor mit
einer langfristigen Be-
ziehung Sie beginnen.
Wir bieten hier Informationen, um das Risiko
durch die Benutzung
eines Partners zu min-
dern und Gefahren zu
versprachlichen. Sie
müssen direkt dabei
helfen, vorhersehbare
Fehlanwendungen von
Menschen zu verhin-
dern, die zu Gefährdun-
gen führen können.
Halten Sie die Anleitun-
gen für späteren Nach-
schlagen griffbereit auf.

Erste Inbetriebnahme

Wenn ernsthafte Bezie-
hung mit Mensch wäh-
len, unbedingt sicher-
stellen, dass gewisse
Laufwerk die ersten vier
Wochen von Bekannt-
machen ist abgeschaltet.
Zu schnelle Einlassung
auf Nacktes Körper kann
Schaden auf tiefe Liebe
sein, weil Liebesfunktio-
nen sind optimal wir-
kend wenn erste Fremd-
heit ist weggebracht.

Gebrauch

Vorsicht für Anbieten
von Getränken! Verdün-
ner, Benzin oder Alko-
holbase als Cocktail
verderben Stimmung.
Falls keine Blumen-
strauß haben in Ihres
System anders als
Holländer, Sie dürfen
laufen in Stadt mit Flo-
rist welche stellt zur
Verfügung, andere
Blumen bei Ankauf Sie
erhalten. Eine Schen-
kung darf in keinen Fall
beendet werden, weil
damit Freude beschä-
digt wird.

Warnung: Der Partner
nicht in trunkenem
Zustand benutzen!
Körper nicht heiß bügeln
oder in der Waschma-
schine saubern. Partner
bitte niemals zum Reini-
gen von Ohren gebrau-
chen!

Caution: Do not turn
partner upside down.

Läs anvisningarna nog
och se till att ni förstår
att information före me
en långsiktig relation
med dig att börja. Här
kan vi erbjuda informat
on till risken genom
användning av en part-
ner för att minska riske
na och versprachlicher
Detta kommer att hjälp
er direkt, förutsägbara
otillräcklig för människ
att förhindra de faror ka
leda till. Hålla instruktic
ner behändigt för framt
den.
Första idriftsättning om
allvarliga förhållandet
med en människa, är
avgörande för att se till
att vissa kör de första
fyra veckor av publicite
är avstängd. Att snabb
påstående om födde
organ kan skada på dju
kärlek, eftersom Liebes
funktionen optimal-age
ra när första vid det
tredubbla bort. Använd
försiktighet för erbjuda
de av drycker! Tunnare
bensin eller som en
cocktail förstöra Alkoho
base stämningen.

Verhalten des Mannes beim Stellungskampf

Der einzelne Mann flirtet nur auf Ziele, gegen die er
Wirkung erreichen kann. Aus einer Gruppe begehrt der
Mann das am wahrscheinlichsten erscheinende Ziel.
Die Gesprächseröffnung mit der anvisierten Dame wird
empfohlen. Jeder Mann muss imstande sein, bei allen
Sichtverhältnissen den Stellungskampf zu führen. Anzu-
streben ist ein gemütlich gelegener Ort gegen den Hori-
zont.

1. <u>Herrichten des Lagers</u>

- Das Lager ist auf Bequemlichkeit zu überprüfen und
  notfalls zu verbessern.

- Das Lager tarnen.

2. <u>Auswahl der Stellung</u>

- Auffallende Verrenkungen sind als Stellung zu meiden.

- Aus der gewählten Stellung muss Schussmöglichkeit
  im befohlenen Wirkungsbereich vorhanden sein.

- Die Stellung ist so zu wählen, dass die Ellenbogen fest
  aufliegen und das Gefecht ohne Verkrampfung des
  Körpers möglich ist.

- Mit ruhigen, unauffälligen Bewegungen in Anschlag gehen. Kein Mann darf ohne Munition sein. Tritt der Fall dennoch ein, muss ggf. zum Nahkampf mit anderen Mitteln übergegangen werden.

- Wenn die Situation es zulässt oder erfordert, ist die Stellung zu wechseln (die sog. Wechselstellung). Sie wird gefordert, wenn der Mann aus der bisherigen Stellung seinen Auftrag nicht mehr ausführen kann, z.B. bei eingeschränkter Sicht oder wenn die Wirkungsmöglichkeit von einer anderen Stelle aus günstiger ist oder die Dame getäuscht oder überrascht werden soll.

- Bei überraschendem Auftreffen auf ein Hindernis lautlos verharren, dann erst Art und Ausdehnung des Hindernisses feststellen.

3. <u>Aufgabe der Stellung</u>

- Der Mann unterbricht oder beendet den Stellungskampf auf Befehl oder selbständig. Gründe können sein: Auftrag erfüllt, Dame selig niedergekämpft, vorhandene Munitionsmenge verschossen.

<u>Grundsätze:</u>

Lautlosigkeit geht vor Schnelligkeit.
Damen erst übersteigen, wenn sie nicht zu unterkriechen sind.

Männerheer
Wir.Dienen.Frauen

Erläuterungen zum Ehepflichtgesetz

I Eine **Zuführung** ist ein Begriff aus dem Besonderen Liebesrecht und bezeichnet den Transfer eines Mannes in das Standesamt oder vor den Altar. Insbesondere Totalverweigerer werden ohne weitere Aufforderung durch die örtliche Polizei von einem bekannten Aufenthaltsort (Eckkneipe, Arbeitsplatz, Tennisplatz) abgeholt und vorgeführt. Nach dem Jawort wird der Mann unter musikalischer Begleitung seiner Ehefrau lebenslänglich zugeführt. Soldaten werden vom Feldjägerdienstkommando hingebracht. Ist der zukünftige Mann nirgendwo anzutreffen, wird eine Personenfahndung über die örtliche Nachbarschaft veranlasst.

Mit dem Aussetzen der Ehepflicht aus politischen oder gewichtigen Gründen erlischt auch das Recht auf Zuführung des Mannes.

2 Gefangenentransport ist der Transport eines sich zur Wehr setzenden Bräutigams zu Lande, zu Wasser und in der Luft. Angewandte Sicherheitsmaßnahmen zur Vermeidung einer Flucht sind unter anderem das Unterhaken und die Bewachung. Dass ein Bräutigam auf diese Art und Weise transportiert werden muss, ist recht häufig. Dieses legitime Verschieben einer Person wird auch Schub genannt. Die wichtigsten Gründe für einen Schub sind:

♥ Bindungsangst des Bräutigams

♥ Schwangerschaft der Braut jenseits der 15. Woche

♥ vorangegangene Ausflüchte und Fluchtversuche

In seltenen Fällen wird ein Schub auch dann stattfinden, wenn → **Fahnenflucht** bzw. **Desertion** vorliegt.

Für den Transport werden spezielle Fahrzeuge verwendet, sogenannte Schubautos, auch Hochzeitskutschen genannt. Neben den Trauzeugen bewachen Brautjungfern oder Schwiegereltern den Delinquenten. Der Jail Train ist ein spezieller Zug, der fahrplanmäßig zwischen den wichtigsten europäischen Städten verkehrt (Hamburg–Paris–Lausanne–Wien–Budapest–London), um auch Fernbeziehungen zu legalisieren.

3 Fahnenflucht oder **Desertion** bezeichnet das Fernbleiben eines Mannes von ehelichen Verpflichtungen zu Tag- und Nachtzeiten. Sie ist von der → **Trennung** zu unterscheiden. Der Gatte, der weder die Nähe seiner Frau sucht noch bei der Pflege seiner Kinder tätig ist, wird im Allgemeinen als Deserteur (frz., abgeleitet von lat. deserere, »verlassen«) bezeichnet. Fahnenflucht ist in Deutschland nach § 16 Verkehrsstrafgesetz (VStG) strafbar. Schutzgut ist hierbei das Glück der Familie. Demnach wird mit Freiheitsstrafe bis zu fünf Jahren bestraft, wer eigenmächtig Frau oder Kinder verlässt, um sich beispielsweise für die Zeit eines 14-tägigen Urlaubs mit Freunden der Ehepflicht oder dem Kampf mit pubertierenden Kindern zu entziehen. Übt der desertierte Gatte tätige Reue, indem er sich binnen eines Monats dreißigmal stellt und sein → **Eingriffsrecht** wahrnimmt, wird er begnadigt.

EINGRIFFSRECHT

4 **Eingriffsrechte** gewähren einem Mann das Recht, in Geist und Körper seiner Geliebten und/oder seines Nachwuchses einzugreifen, ohne sich straffällig zu machen. Jeder einzelne Eingriff bedarf der Ermächtigung in Form von zärtlicher Annäherung, Blumen und Abendessen, freundlichen Worten oder Geld.

TRENNUNG

5 Eine **Trennung** führt dazu, dass sich eine von Rechts wegen verheiratete Person wieder in Freiheit befindet. Dies kann durch Selbstentweichung oder unter Mitwirkung Dritter erfolgen. Während nach kirchlichem Recht die Selbstentweichung strafbar ist, kam man humanistischerseits zur Überzeugung, dass der natürliche Drang des Menschen nach Freiheit nicht strafbewehrt sein sollte. Die Trennung (im Volksmund: Befreiung) kann durch Entfernen der Ringe oder durch Angriffe gegen den Partner geschehen. Mit der Trennung erlischt das → **Eingriffsrecht.**

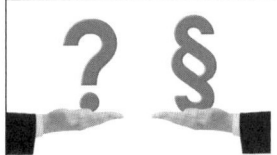

**RECHTSTIPP:
ENTSORGUNG VON
LANGJÄHRIGEN PARTNERN**

Von RA Gabriele Becker

Manch eine Nachbarin findet ihr Schätzchen am Straßenrand oder in Auffahrten. Die Frage ist dann: Wem gehört ein solcher Mann eigentlich? Meist ist die Sache eindeutig: Wer etwas kauft, ist auch der Eigentümer. Doch wer etwas heiratet oder sich länger dran gewöhnt hat? Bei Menschen ist unklar, wem sie letztlich gehören – vor allem dann, wenn sie einfach herumstehen oder -liegen.

Der Fall sorgte 2009 für Aufsehen: In einem Altpapiercontainer, der auf dem Grundstück einer Drogeriekette abgestellt war, entdeckte eine Angestellte einen Mann und nahm ihn mit. Die Firma kündigte der alleinerziehenden Mutter von zwei Kindern wegen Diebstahls. Juristisch war das durchaus korrekt. Denn der Mann gehörte dem Unternehmen – und nicht, wie man glauben könnte, niemandem.

Welche Regel aber gilt, wenn jemand seinen Partner vor dem Haus auf die Straße stellt? Ist dieser Mensch Allgemeingut, bis er von einem Fremden abgeholt wird? Nein, urteilten die Gerichte. Das Landgericht Ravensburg entschied: »Stellt eine Frau ihren Mann zum Sperrmüll, so liegt wegen der persönlichen Beziehung keine Eigentumsaufgabe, sondern nur eine kurzfristige Distanzierung des Angetrauten vor.« (Az 2760 BW/19) Im Zweifel ist davon auszugehen, dass die Müllabfuhr Eigentümer wird, wenn er nicht vorher zurückgeholt wird.

zu den bekanntesten und renommiertesten Unternehmen
mit Sitz in München. Unser Unternehmen engagiert sich
Geschäftszweigen Kaffee, Delikatessen-Einzelhandel und
e.

t der Unternehmenszentrale in München suchen wir eine/n

chbearbeiter (m/w)

ne Abwicklung von Exportsendungen
/Seeverkehr)
Betreuung der internationalen Kunden
ellung und -kontrolle extern und intern
Kundenakten, Kundenstammpflege sowie Erledigung der
Korrespondenz in deutscher und englischer Sprache
von Warenrücklieferungen sowie Behandlung
tionen
n Intrastat-Meldungen

ne kaufmännische Ausbildung und mehrjährige Erfahrung
eich
nntnisse in der Sachbearbeitung der Dokumentenerstellung
ung
a internationalen Handels- und Zahlungsverkehr
glischkenntnisse in Wort und Schrift – Kenntnisse in einer
che wären von Vorteil
bereitschaft, Teamgeist und Eigeninitiative

ie die Chance und werden Teil unseres Teams. Ihre aussage-
ng unter Angabe Ihres möglichen Eintrittstermins und Ihrer
ng senden Sie bitte an

Alois Dallmayr Kaffee oHG
got Raitner, Postfach 100461, 80078 München
E-Mail: margot.raitner@dallmayr.de
www.dallmayr.de

Im Bayerischen Landtag sucht zum
1 oder früher zwei engagierte

arische Berater/innen

hierbei um einen interessanten
igen Arbeitsplatz.

nen finden Sie auf unserer

d-landtag.de/Stellenangebot

Bayern

SPD

Bayern,
aber gerechter.

---

nicht von traumen komm

Jobs, die Sie weiterbringen finden Sie im
großen Stellenmarkt der SZ. Jeden Samst
in der Süddeutschen Zeitung.

Ich suche zum nächstmöglichen Zeitpu
eine

Kompetente und freundlich
Ehefrau (Vollzeit)

Über mich:
Innerhalb der letzten 27 Jahre habe ich
von einem kleinen Jungen zu einem füh
den Mann entwickelt. Diese einmalige V
tumsgeschichte soll nun expandieren in
Human Love Team.

Über die Stelle:
Sie sind vollverantwortlich zuständig für
meine Entwicklung und Motivation und
Leitung unseres gemeinsamen Haushalt
Sie überprüfen regelmäßig mein äußeres
scheinungsbild und gestalten neue Strate
zur Annäherung an unsere streitbare Na
barschaft. Sie arbeiten dabei eng und ver
ensvoll mit meiner Mutter zusammen, d
uns im Haus lebt.

Über Sie:
Sie bringen mehrjährige Erfahrung und
weisbare Erfolge als Frau mit, idealerwei
körperlichen Umfeld. Sie sind in der Lag
nen leistungsstarken Mann mit komplizi
Komplexen zu lieben. Sie wissen, wie ma
vertrauensvoll mit meiner Verwandtscha
sammenarbeitet und zugleich meine Wa
freunde für ein gemeinsames Ziel begeis
Im Besonderen haben Sie bereits Erfahr

---

r Entwicklung und Umsetzung von
rezepten. Ihr Herz sollte dabei nicht nur
esundes Gemüse und Salate schlagen,
rn auch für Fleischgerichte und Süß-
en.

ommunizieren fließend in hochdeutscher
undartlicher Sprache, aber Letzteres
zu arg. Auf der Grundlage umfangrei-
Kenntnisse sind Sie in der Lage,
hungen zu meinen Vorgesetzten zu be-
n und zu optimieren. Sie treffen unbe-
kostenbewusste Entscheidungen in Mo-
tiquen und sind zugleich bemüht, bei
en Freunden und Kollegen mit Ihrem
ren positiv aufzufallen.

lem, was Sie tun, legen Sie immer auch
deren Wert darauf, Netzwerke zu mei-
erwandtschaft bis zweiten Grades, Kolle-
nd Sportsfreunden zu bilden und zu un-
gesellschaftlichen Fortkommen zu nut-

eiterin des Recruitingteams fällen und
eten Sie wichtige Entscheidungen, etwa
bsetzen der Pille, um dann langfristig
uman Capital Management der Familie
ernehmen.

leicher Eignung lehne ich aus gegebenem
ss die Bewerbung von Herren dennoch

- Übersendung Ihres Lebenslaufes mit Bild und letzten
ssen erklären Sie sich mit der Speicherung Ihrer Da-
n Zwecke der Weiterreichung an gelangweilte Freunde
tstellung Ihrer Eigenschaften für dieses und jenes ein-
den.

ALLGEMEINE GESCHÄFTSBEDINGUNGEN
ZUR LIEBESVERSORGUNG IN EHEN
UND EINGETRAGENEN PARTNERSCHAFTEN

§ 1 Geltungsbereich und Abwehrklausel
(1) Für die hier genannten Lieferungen bzw. die Versorgung der liebenden (im Folgenden Anbieter genannt) und geliebten Person (im Folgenden Besteller genannt) gelten ausschließlich die folgenden AGB in der jeweiligen Fassung zum Zeitpunkt des Kennenlernens.
(2) Andere AGB des Bestellers werden vorerst zurückgewiesen, es sei denn, sie erweisen sich als kompatibel oder sinnvoll ergänzend zu denen des Anbieters.

§ 2 Zustandekommen des Verhältnisses
(1) Das Zustandekommen eines Verhältnisses erfolgt durch die Sehnsuchtsverlautbarung einer Person unter Verwendung der hierfür vorgesehenen Körperteile mündlich oder schriftlich und die anschließende Annahme von Liebkosungen durch eine zweite Person.
Das durch Liebe begründete Verhältnis ist ein klarer Eingriff in die Intimsphäre des jeweils anderen ohne erkennbaren Widerstand. Liebeslieferungen können auch einmalig erfolgen, sie haben ein permanentes Widerrufsrecht, welches verbal mit dem Wort Nein und nonverbal mit dem Zuknallen einer Tür vollzogen ist.
(2) Die Annahme längerfristiger Lieferungen beginnt gewöhnlich mit der Vokabel Ja, welche mündlich oder schriftlich unter Hinzufügung eines anständigen Ringes oder per Zugang eines Schreibens beim Liebenden bestätigt werden kann, aber nicht muss.

§ 3 Eigentumsvorbehalt
Die gelieferte Zuwendung bleibt bis zur vollständigen Annahme Eigentum des Anbieters. So lange spricht man von einseitiger Liebe.

§ 4 Gewährleistungsrechte und -pflichten bei Konjunkturrückgang
Für die Änderung eines bestehenden Liebesverhältnisses und der ergänzenden Bedingungen gilt § 5 Abs. 2 Liebesgrundversorgungsverordnung (LGvV) entsprechend:
Änderungen der Gefühlslage werden jeweils erst zum darauf folgenden Monatszyklusbeginn wirksam.
Die komplette Einstellung von Zärtlichkeit wird erst sechs Wochen nach Bekanntgabe einer Änderung der Gefühle für den anderen im Freundeskreis oder örtlichen Wochenblatt möglich oder nötig, wenn Gründe benannt werden.
Einer Verkürzung der Gewährleistungspflicht zur Liebesversorgung wird nur stattgegeben, wenn außerordentliche Gründe (siehe LGvV §6) vorliegen.

§ 5 Haftung
(1) Bei einer Unterbrechung oder Unregelmäßigkeit in der Liebesversorgung des Mannes ist er, soweit es sich um Folgen einer Störung seiner körperlichen oder seelischen Verfassung handelt, von seiner Leistungspflicht befreit. Dies gilt nicht, wenn die Unterbrechung einzig auf allgemeiner Übermüdung desselben beruht

oder die Unregelmäßigkeit von Liebeslieferungen sich grundsätzlich aus Überarbeitung oder Desinteresse des Mannes gegenüber allem eingeschlichen hat.

(2) Die Frau ist gehalten und verpflichtet, dem Mann auf Verlangen unverzüglich Auskunft zu geben, wenn ihrerseits Unterbrechungen oder gar Unregelmäßigkeit in der Liebesversorgung zu befürchten sind. Als Ursache des o.G. gelten z.B. Zyklen, Überstunden, Nachtschicht, Kaffeekranz oder Mutter zu Besuch.

(3) Die Haftung der Liebenden ist – ungeachtet § 2 LGvV – ausgeschlossen, wenn der Schaden lediglich auf Vergessen eines Hochzeitstages oder ähnlich untergeordneter Pflichten zurückzuführen ist.

(4) Die Bestimmungen des Schwangerschaftshaftungsgesetzes und die Haftung für Gesundheitsschäden bleiben hiervon unberührt.

§ 6 Abtretungsverbot

Die Abtretung der dem Besteller oder Anbieter der Liebesversorgung zustehenden Ansprüche an Dritte ist ausgeschlossen.

§ 7 Vertragslaufzeit, Kündigung, Auszug

(1) Das Vertragsverhältnis wird wider besseres Wissen auf unbestimmte Zeit geschlossen. Es besteht also keine Mindestvertragslaufzeit.

(2) Der Vertrag ist beidseitig mit einer Frist von vier Wochen zum Jahresende ohne Angabe von Gründen kündbar. Die Kündigung kann sowohl schriftlich per Post oder SMS als auch durch penetrantes Gebrüll und Tellerwerfen erfolgen. Bei Kündigung über Twitter oder Facebook wird eine Strafgebühr fällig. Ein Auszug aus der Wohnung kann auch untermonatlich zum Tag des Streites erfolgen, die Einstellung der anteiligen Mietzahlung ist allerdings nur im Quartal gestattet. Der Partner ist bei Umzug verpflichtet, die Angaben zu seiner neuen Anschrift für sich zu behalten.

(3) Das Recht zur fristlosen Kündigung aus wichtigem Grund bleibt unberührt. Eine Frau kann den Vertrag vorzeitig kündigen, wenn der Mann trotz Mahnung mit Fristsetzung mit Zärtlichkeitsversorgung in Verzug gerät. Ein Mann ist zur Kündigung berechtigt, wenn die Frau trotz Mahnung ihre Mutter mitreden lässt oder Liebeslieferungen kaltherzig einstellt.

§ 8 Datenschutz

Im Rahmen des gesetzlich Zulässigen und unter Berücksichtigung des schutzwürdigen Interesses des Mannes kann die Frau Daten über dessen Liebesart und -weise zur Prüfung an beste Freundinnen weitergeben. Ferner dürfen körperliche Merkmale und niedliche Eigenheiten oder Schwächen erhoben werden und sind zur diskreten Diskussion im Familienkreis bis in den dritten Verwandtschaftsgrad freigegeben.

§ 9 Gerichtsstand

Gerichtsstand für alle Streitigkeiten aus dem Liebesversorgungsverhältnis ist die Küche des gemeinsamen Wohnsitzes oder einer besten Freundin. Das Schlafzimmer oder die Eckkneipe sind als Gerichtsstand unzulässig.

§ 10 Salvatorische Klausel

Sollte eine Bestimmung dieser AGB unwirksam sein oder werden, wird davon die Wirksamkeit der übrigen Bestimmungen nicht berührt.

FESTREDE EINES TOPGATTEN ANLÄSSLICH DES
25-JÄHRIGEN BESTEHENS SEINER EHE *+ Mutter!*

Es gilt das gesprochene ~~Wort~~ – *+ Mutter!*

Meine sehr geehrten ~~Damen~~ und Herren, liebe Verwandtschaft, ich freue mich sehr, dass Sie so zahl-
reich erschienen sind, und noch mehr über Ihr In-
teresse an der Entwicklung unserer Ehe.
Seit dem 18. März 1987 bin ich nunmehr 25 Jahre mit
Gisela tätig. Durch viele Reisen, zahlreiche gute
Restaurantbesuche, Hausbau, umfänglichen Kleiderkauf
und etliche Hotelunterkünfte erzielte ich gemeinsam
mit ihr einen Umsatz von 3,5 Millionen Euro. Über
den Gewinn sollen andere spekulieren.
Ich bin in diesen Ehejahren längst den Weg vom Ge-
neralisten hin zum Multi-Spezialisten gegangen und
habe meine Kernzielgruppe neu definieren müssen. Die
ganze Welt hat sich verändert und weiterentwickelt –
und ~~wir~~ tun dies auch. *Ich tue*
Ich bin deshalb neben meiner Gisela nunmehr im zweiten Rang fokussiert auf Frauen unter 35 Jahren ohne
jede Falte. Ich glaube, dass ich ein Mann bin, der
das weibliche Segment in jeder Altersklasse erfolgreich bedienen kann. Gisela hat diese Konjunkturent-
wicklung akzeptiert und sich ebenfalls neue Aufga-
benfelder gesucht, so eine von mir finanzierte Welt-
reise gemeinsam mit ihrer besten Freundin Annemarie.
Und doch, ich weiß, welche Anforderungen, Bedürf-
nisse und Wünsche meine gute Gisela hat, darauf *betonen!*
richte ich alle Prozesse in Herz und Hirn aus. Mein *Scheidung*
System ist so ausgelegt, dass ich meine Frau – wir *zu*
reden hier von rund 60 verschiedenen Charakterei- *teuer*

genschaften, die sie besitzt – durchaus glücklich gemacht habe. Durch ihre Zuneigung ist auch die Großzahl meiner Tage gesichert, die ich noch vor mir habe.

Mit der Inbetriebnahme der Ehe vor 25 Jahren ebnete ich Gisela den Weg für ein Komplettangebot an Zuneigung und Versorgung. Unter Ausschöpfung der gesetzlichen Spielräume sind wir gemeinsam angetreten, zur Aufzucht unserer Kinder enge Verzahnungen und Kooperationen mit niedergelassenen Krankenhäusern und Kindergärten, Musikschulen und Gymnasien einzugehen, um Kompetenzen zu bündeln und neueste Techniken zum Wohle unserer beiden Töchter ökonomisch zu nutzen.

Bereits bei unserer Eheschließung habe ich betont, dass es Gisela gelungen ist, in mir den richtigen Kooperationspartner gefunden zu haben. In unserer Beziehung, die sich mittlerweile als Marke etabliert hat, möchte ich auch weiterhin den Nährboden für zukunftssichere Lösungen bereiten, und das über unseren gemeinsamen Tellerrand hinaus.

Ich danke Gisela für ihr Vertrauen in unser Projekt und ihr Engagement während der gesamten Ehephase sowie gleichermaßen mir selbst für die zeitgemäße Ausführung. Die Ehe ist langfristig angelegt, einmal getroffene Entscheidungen können nicht kurzfristig revidiert werden. Mein Appell geht daher an Gisela: Lass uns die zukünftigen Ziele gemeinsam definieren und die dafür notwendige Finanzausstattung festlegen. Ich stehe dir als Gesprächspartner jederzeit zur Verfügung.

Ich danke Ihnen und Euch, meine sehr geehrten Damen und Herren, für die Aufmerksamkeit und bitte nun meine Gattin, die Menüfolge zu erläutern.

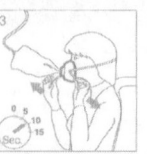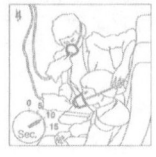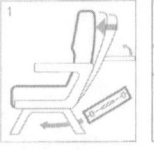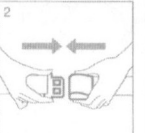

Sicherheitsunterweisung im Verkehr

Sehr geehrte Herren,

wir bitten Sie um Ihre Aufmerksamkeit für einige wichtige Hinweise vor Beginn einer Liebesnacht.

Bitte vergewissern Sie sich, dass Schmutzwäsche und benutztes Geschirr sicher verstaut sind. Die Schublade des Nachttischs ist für Spielzeuge, Verhütungsmittel, Tücher und leichte Narkotika geeignet.

Bitte schalten Sie nun alle Lieder an, die eine romantische Atmosphäre garantieren. Gerne können Sie diese wieder durch Ihren eigenen Musikgeschmack ersetzen, sobald die Liebestätigkeit beendet ist.

Da jederzeit Turbulenzen auftreten können, sind Sie verpflichtet, sich anzuschnallen, sobald Sie spüren, dass Ihre Partnerin nicht mag. Dies dient zu Ihrer eigenen Sicherheit.

Wir möchten Sie darüber informieren, dass Gespräche über Exfrauen und -freundinnen während des gesamten Aufenthal-

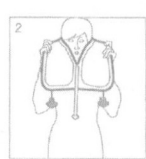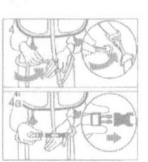

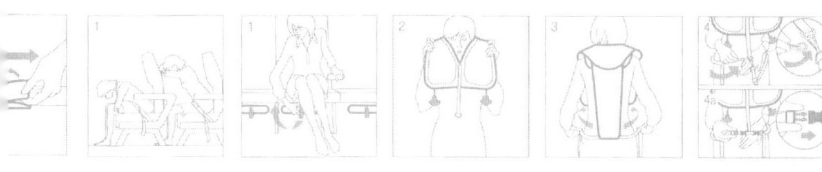

tes im Bett verboten sind. Noch so leise Kritik am Partner ist zu keiner Zeit erlaubt. Dies schließt Bemerkungen zu Figur und Alter der Dame ein, die besonders gefährlich sind. Zur Sicherheit ist der Raum mit Meckermeldern ausgestattet, die ein schrilles Signal abgeben, sobald Unartigkeiten erschallen.

Ihr Schlafzimmer hat einen Ausgang. Dieser ist mit dem Wort »Tür« gekennzeichnet.

Sollte der erotische Druck leicht sinken, fällt automatisch eine Sauerstoffmaske von der Zimmerdecke. Ziehen Sie nach dieser Erfrischung Ihre Geliebte zu sich heran, und drücken Sie sich fest auf deren Mund und Nase.

Unter jedem Bett befinden sich neben Staubflocken diverse Gerätschaften. Auf Anweisung der Dame ziehen Sie ggf. Handschellen über die Armgelenke, haken Gurte wie vorgeführt ein und ziehen Sie diese straff. Falls erforderlich, benutzen Sie die roten Mundschläuche.

Zum Start öffnen Sie nun Ihre Hose und lockern Sie die Krawatte. Stellen Sie Ihren Rücken waagrecht und klappen Sie die Augen zu. Wir danken Ihnen für ihre Aufmerksamkeit und wünschen Ihnen eine angenehme Nacht.

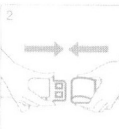

Bußgeld- und Punktekatalog des Bundesministeriums für Verkehr, Beziehungsaufbau und -entwicklung (BMVBE)

Bußgelder sollen für mehr Zufriedenheit in Partnerschaften sorgen. Sie zielen vor allem auf die Hauptursachen für Streitereien, insbesondere

- unangepasste Wortwahl

- gefährliche Ausraster

- Verstöße gegen die Höflichkeit

- Vorgänge im Rotlicht

- zu viel Abstand

Im Jahr 2011 trennten sich 241 152 Paare. Ursache für fast alle Trennungen (95 Prozent) ist männliches Fehlverhalten.

Grundsätzlich haben alle Liebenden die Verpflichtung, dafür zu sorgen, dass der Partner oder die Partnerin nicht behindert, belästigt oder gar gefährdet oder beschädigt wird.

Eine ausführliche Übersicht zum Bußgeld- und Punktekatalog sowie weitere Informationen finden Sie im Internetangebot des BMVBE.

Der nachfolgende Auszug aus dem Bußgeldkatalog ist als Service für Betroffene gedacht. Er dient als Information über besonders unangenehme Verstöße und ihre juristischen Folgen wie

- Bußgang
- Geldstrafe
- Punkte im Liebeszentralregister (LZR) in Horneburg bei Buxtehude und
- Ehe- oder Verkehrsverbot

Punkteregelung bei Verhaltensfehlern

Tatbestand	Euro	Punkte
Beim Anfassen der Partnerin/des Partners keine besondere Rücksicht genommen und ihn/sie dadurch		
– verstimmt	50	–
– verärgert	100	–
– gefährdet	300	–
Nichteinhalten des Abstandes von einer fremden vorausgehenden Frau, einem jungen Mann	20	–
Während der Beziehungszeit nach § 2a Verkehrsgesetz einen fremden Partner in Betrieb genommen	400	5
Einen solchen Verstoß im Verkehr unter Wirkung von Alkohol angetreten	125	2
Als Mann beim Walzer mit zu mäßiger Geschwindigkeit geführt	10	–
Füße nicht beachtet und durch Drauftreten andere gefährdet	50	3
Partnerflucht (auch: Ehebruch) bei tätiger Reue und geringem Gemütsschaden	250	3

Punkteregelung bei Verkehr in Automobilen

Tatbestand	Euro	Punkte
Verkehr in einer Ein- oder Ausfahrt	10	–
Verkehr auf Nebenfahrbahn oder Seitenstreifen		
– in Fahrtrichtung	5	–
– entgegen der Fahrtrichtung	50	–
Verkehr auf Autobahnen		
– in Fahrtrichtung	30	–
– entgegen der Fahrtrichtung	300	13
verkehrsgefährdender Verkehr	0	3

Ahndung bei Trennungen

Fahrlässiges oder grob rücksichtsloses Beenden einer Beziehung wird mit bis zu 7 Punkten im LZR sowie der Entziehung der Liebeserlaubnis für ein Jahr bestraft, wenn dadurch Leib oder Seele eines anderen gefährdet werden. (Siehe auch ⇨ MPU)

Punkteregelung bei Partnermängeln

Tatbestand	Euro	Punkte
Primäre Geschlechtsorgane mit Polstern oder ähnlichen Abdeckungen versehen	50	1
Partner in mangelhaftem Zustand in Betrieb genommen	50	3
Verbotswidrig an einem Sonntag oder Feiertag Arbeit mit nach Hause genommen (Sonntagsarbeitsverbot)	10	1
– mit Gefährdung der Beziehung	250	4
– mit Sachbeschädigung bei Streitereien	300	4
Mit einem nicht zulässigen Gesamtgewicht von 110 kg nackt ausgezogen, obwohl die Sichtweite durch Nebel, Schneefall oder Regen weniger als 50 m betrug	120	4

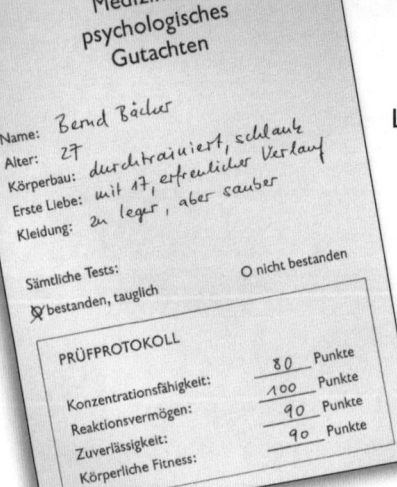

LIEBESEIGNUNGSTEST (MPU)

Eine Medizinisch-Psychologische
Untersuchung (MPU) beurteilt die
Liebeseignung eines Brautpaares.
Der Begriff »Liebeseignung«
umfasst die körperliche und
geistige Eignung, zum Beispiel
Reaktionsfähigkeit und Zuver-
lässigkeit.

Die MPU (im Volksmund abschätzig Fummeltest genannt) stellt
eine Prognose zur Verkehrsbewährung dar und dient als Hilfe für
Standesämter, Kirchen und Landgerichte zur Erteilung, Entziehung
oder Wieder-Erteilung der Ehetauglichkeit.

Ein MPU-Gutachten liefert eine auf Fakten und Erfahrungswissen
basierende Wahrscheinlichkeitsaussage über die Entwicklung des
sexuellen und emotionalen Verhaltens einer Person in einer verhei-
rateten oder festgebundenen Zukunft.

Die Durchführung der Prüfung dauert in der Regel drei bis vier
Stunden. Im medizinischen Teil werden relevante Hauterkrankun-
gen sowie zurückliegende Herzensbrüche geprüft. Dazu führt der
Arzt ein Gespräch über alle Vorgeschichten der Brautleute, eine
körperliche Untersuchung sowie gegebenenfalls labormedizinische
Verfahren durch, etwa Blutabnahme oder Hautscreening – Spu-

ren fremder Haut und Fetzen lassen sich teilweise noch nach Monaten nachweisen. Dabei muss eine strikte Treue der zurückliegenden sechs Monaten belegt werden, andernfalls ist die Eheschließung oder der Partnerschaftsvertrag zu verschieben.

Bei einem standardisierten Reaktionstest am Computer wird die körperliche Leistungsfähigkeit (Reaktionsfähigkeit, Konzentration und Aufmerksamkeit) getestet. Entsprechen die Testergebnisse nicht den Anforderungen an eine sexuell aktive Ehe, kann eine Überprüfung der Kompensationsfähigkeit durch luxuriösen und/ oder fürsorglichen Lebenswandel empfohlen werden.

Im Brautleutegespräch geht es um die Einsicht früheren Fehlverhaltens bei hanebüchenen Streitereien oder Verwandtenbesuch, Konsequenzen für das aktuelle Liebesleben (beispielsweise Schweigegelübde an Weihnachten und bei Länderspielen) und Vorsätze für die Zukunft. Die Grundsätze für die Durchführung der Untersuchung und die Erstellung der Liebeseignungs-Gutachten sind gesetzlich festgelegt. Gutachten müssen danach insbesondere so erstellt sein, dass sie – auch für die Betroffenen – nachvollziehbar und nachprüfbar sind.

Begutachtungsstellen für die Liebeseignung unterliegen seit 2010 einem Qualitätssicherungssystem, das durch die Bundesanstalt für Verkehrswesen als neutrale Stelle überprüft wird.

Das Frühjahr naht, es ist wieder so weit! Damen kleiden sich luftig, wechseln die Haarfarbe, rasieren sich die Beine, bringen ihre Linie auf Vordermann – und mit der Temperatur steigt die Lust auf einen neuen Mann. Ob nach dem Duschen, zum Schutz vor Einsamkeit oder mit den ersten Fältchen, sie gehören ganz selbstverständlich dazu. Allerdings gönnt man sich nicht mit allen Begleitern wirklich etwas Gutes. Unser Test ergab: Viele Männer sind einfach schlecht.

So wurde getestet:
Das Autorenkollektiv, das wir für diese Langzeitstudie losschickten, hat jede Menge Erfahrung im aktiven Frauenleben. Die Damen zwischen 20 und 80 ließen sich von Männern ins Konzert begleiten, zum Skifahren abholen, auf Buchmessen begleiten, ins Restaurant führen, zur Liebe verführen, ins Gespräch verwickeln. Die Erlebnisse wurden in Zusammenarbeit mit den Redakteuren bei MännerTest kategorisiert und begutachtet. Hier die Ergebnisse in Kurzform:

DER VERLIERER

Der **Politiker** war der Mann mit durchaus gepflegten Händen, aber beim Humor schwächelte er, und auf feuchtem Gras im Park hatte er kein Plaid parat. Besonders ärgerlich: Die Testerin musste häufig Zwangspausen einlegen, weil er sich von Telefonaten abbringen ließ und sich beim Spazierengehen seine Schuhbänder zu häufig lösten.

DER GEWINNER

TEST-SIEGER

Erfolgreicher war eine Testerin mit dem **Anarchisten**. Der Allrounder erzielte bei allen Praxistests Zufriedenheit und Wohlbefinden, allerdings ist er kostspielig, da er eigenes Kapital ablehnt.

Hier einige Ergebnisse im Einzelnen, die vollständige Studie stellen wir Frauen und Tunten im persönlichen Gespräch gegen Gebühr zur Verfügung.

Der eigene Chef

Ein im Wesentlichen ausgereifter Mann, der einer ambitionierten Frau alle Möglichkeiten bietet, ihre Zufriedenheit auf wirkungsvolle Weise zu steigern – der einzige Mann ohne Saugkraftverlust. Nachteil einer solchen Liaison ist der schnelle Verlust des eigenen Arbeitsplatzes.

Der Arbeitskollege

Rundum gut. Er sorgt für Sauberkeit im Haus. Mann mit ruhigem Gang und guter Biomechanik. Die Schrittlänge ist aber etwas kurz. Hohe Genauigkeit bei Versprechungen. Trennung von ihm macht etwas Mühe.

Der Nachbar

Gelenkschonender als in jemanden von nebenan kann man nicht verliebt sein. Synthetisches Koffein muss zugesetzt werden, sonst einschläfernd. Schwere Probleme bei einer Trennung, da er künftige Herrenbesuche protokolliert und mit Spruchbändern an Hauswänden stört wie: »Einmal gefreit, immer gereut!«

Der verheiratete Geliebte

Produziert mehr Leistung als herkömmliche Männer, was nicht überraschend ist, da man ihn nur selten sieht. Die Frau wird gequält von sehnsüchtiger Schlaflosigkeit, innerer Unruhe, Herzrasen und Blutdruckanstieg, es kann ggf. zu Schwangerschaftsabbrüchen kommen.

Der Tanzpartner

Relativ schwer, asymmetrisch gebaut. Er ist das Mittel der Wahl, um das Vertrauen sowie die Enttäuschung nach einer Trennung langsam und systematisch wieder auf- bzw. abzubauen. Nach dem Abschlussball zum Davonlaufen.

Der Sparkassenberater

Bloß ausreichende Liebeseigenschaften. Sein leicht anregender Effekt auf das Nervensystem hat nur eine kurze Wirksamkeit auf das Lebensglück. Bei einer Hausse ist er ein Mann mit schrecklich schlechter Laune, bei Baisse dagegen unangenehm hyperaktiv – alles in allem nicht zu empfehlen.

FÜR SIE GETESTET Der Zahnarzt Schultern durchaus zum Anlehnen, insgesamt aber zu abgearbeitet, er kann nach 18 Uhr nicht mehr stehen. Beim Zusammendrücken macht er deutliche Geräusche. Die inneren Bestandteile dieses Mannes sind unbekannt. Zärtlichkeitszusatz nicht enthalten, von einer privaten Kontaktaufnahme ist abzuraten.

FÜR SIE GETESTET Der Parteigenosse Hat beinahe dieselbe Verfassung wie der Zahnarzt, nur steht er länger aufrecht, so dass man mit ihm bis weit nach Mitternacht ausgehen kann. Kann zur Behandlung von Traurigkeit nur kurze Zeit angewendet werden, bei seiner Abwahl erleidet er Psychosen oder Bluthochdruck und trennt sich schnell.

FÜR SIE GETESTET Der Tankwart Preiswerter Mann mit guten Liegeeigenschaften, anfangs stark anhaltender Geruch. Die kleine Statur macht ihn zum idealen Partner überall da, wo man sonst nur mit Kindern kostenlos hinkommt (Streichelzoo, Raststätten-Toilette). Öl- und Schmierfettflecke gehen nicht aus der Matratze.

FÜR SIE GETESTET Der Personaltrainer Quält einen sehr gut, wenn man das mag, jedoch sind beim Lagewechsel seine harten Muskeln selbst durch dickere Decken spürbar. Keinerlei wissenschaftliche Belege für die Wirksamkeit dieses Mannes auf die Figur. Weder er noch seine Freunde reduzieren Fett nachhaltig.

FÜR SIE GETESTET Der Feuerwehrmann Überraschend gut beieinander und trainierter als so mancher Sportler. Er ist der Prototyp für einen einzigen Einsatz, da er danach für die Testerin unauffindbar blieb – fragt man nach seiner Telefonnummer, antwortet er einzig mit 110.

No-Touch
Automatischer Samenspender

SAMOTAN

Jetzt gibt es den neuen automatischen No-Touch Samen spender von SAMOTAN mit Bewegungssensor. Dieser erkennt den Körper einer Frau automatisch und dosiert die für sie optimale Anzahl von Spermien. Der Gebrauch des No-Touch Samenspenders führt in 99,9% aller Fälle zu Ihrer Befriedigung und trägt überdies zur Pflege der Haut bei. Das Gerät bietet Spaß bei der Befruchtung und ist ideal fürs Liebesleben, es bekämpft die Verbreitung von Bakterien und jeglichen Beziehungsstress. Ohne Tropfen und Kleckern.

SAMOTAN
No-touch

Nachfüller erhältlich in den Sorten
Mitteleuropa, Asien und Schwarzafrika

Monate alten Kinder den Szenen henkten. Die Babys waren dann vom eschehen besonders absorbiert, wenn e Szene sie überraschte, etwa wenn sie ne faire Teilung erwartet hatten, die nn aber nicht eintrat. In einem weite- n Test prüften die Forscher, welche nder bereit waren, ihre Lieblingsspiel- uge zu teilen. Dabei zeigte sich: Babys, e sich von einer ungerechten Teilung in n Filmen überrascht zeigten, waren a ehesten auch bereit, anderen ihr Lieb- igsspielzeug zu überlassen.   sehe

e Ende

euert sich ein Leben lang

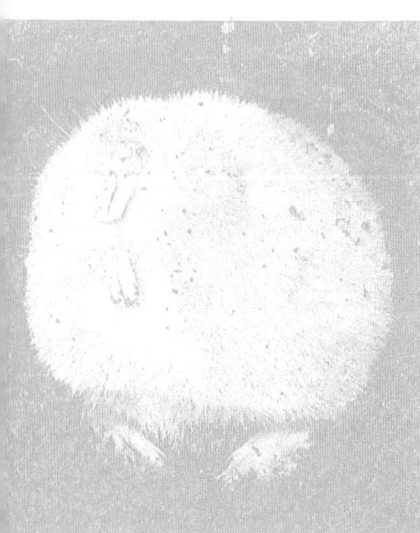

er Nager scheint nur aus Fell und Zäh- n zu bestehen.   Foto: PNAS

ten siedeln tatsächlich unzählige organismen, und das ist meisten gut so. Nur in seltenen Fällen wie

SkillsLabs® – Do

Praktische Erfahrung ist für angehende haberinnen und Liebhaber so wichti schwer zu bekommen: Wenn es um Sex lässt man ungern Anfänger ran. Nun nen junge oder ungeübte Menschen in Lernlabor an Hightech-Puppen üben. Beispiel, wie man einer Frau galant de öffnet, ohne ihr permanent am Rücker umzufummeln.

In Deutschland, Österreich und Schweiz gibt es insgesamt 23 SkillsLabs®, nen Übungsschlafzimmer eingerichtet den. Einer der Vorreiter war *pro ehe* in tingen, die ihr Simulationszentrum k vor dreizehn Jahren gründete. Heute kö Menschen von Aachen bis Rostock und sel bis Genf unter Aufsicht Liebe üben. Besonderheit solcher Labore ist, dass dort eine breite Fächerung an Basisfert ten praktisch erproben kann – von der zärtlichen Berührung bis zum Orgas sagt Martha Rückert, die Leiterin des G ger Labors.

Oft sind es die ganz kleinen Ding schiefgehen, wenn man sie noch nie au biert hat. Darum sitzen in einem Raum Damen unterschiedlichsten Alters an Tisch und streicheln oder kraulen bloß konteile. Und im Nachbarraum kann vo tiges Kratzen trainiert werden – ausna weise sogar am lebenden Arm diverser banden.

Hinter jeder der Türen des Labors tet ein anderes Problem: Am Simulation ist ein Zungenkuss möglich, an einem tschuk-Torso sind Gefühlskälte und B rungsängste versteckt, die mit Verstär übungen gefunden werden müssen. U einem rotbeleuchteten Raum warten v lei Geräte, die Lustgeräusche wiedergebe

die reich an sogenannten Alkenyl-
sinolaten sind. Andere sekundäre
zenstoffe und deren Produzenten

: für den Ernstfall

men simulieren können. Die Anwender
en die einzelnen Körperteile so berühren,
lie Geräusche nicht in Klagen oder Gäh-
.bergehen.

uch Zuhören und Empathie spielen eine
. Mittlerweile hat auch ein Mann er-
, dass es nicht nur darum geht, eine Frau
Geschenken vor Kummer zu bewahren.
uss im Ehealltag auch Psychologe oder
orger sein. Deswegen gibt es im Simula-
zentrum ein eigenes Kommunikationsla-
ausgestattet mit Couch, Zimmerpflanzen
ernseher. Eine typische Übungsaufgabe:
oringe ich bei einer frischgebackenen Ehe-
schonend bei, dass die Schwiegermutter
Jochenende zu Besuch kommt.

Unser größter Schatz ist Herr P.«, sagt
ert und öffnet die Tür von Raum B51,
iegt die komplette Simulation eines gan-
bräutigams. Er hat Hightech-Organe und
öne, die man fühlen und hören kann.

achtzig Berührungen und Bewegun-
sind an dieser Ganzkörperpuppe mög-
um sie zu stimulieren. Sogar eine kom-
Hochzeitsnacht kann mit dem Simulati-
ann durchgespielt werden. »An den Pup-
ollen unerfahrene Bräute Eingriffe aus-
eren, damit sie diese beim Einsatz in der
tät nicht zum ersten Mal machen«, sagt
ha Rückert. Der Service des SkillsLabs®
anders als viele Ehevorbereitungskurse
irchen oder Volkshochschulen nicht vom
unterstützt. »Dabei würde es sich auf lan-
cht sicher lohnen, das Angebot zu bezu-
sen, um frühzeitige Enttäuschungen und
Scheidungsverfahren zu vermeiden«,
t die Leiterin des Göttinger Labors. Sie
sei übrigens nicht verheiratet, antwor-
e auf Nachfrage. »Wenn Sie das hier Tag
ag …« Rückert schüttelt müde den Kopf.

"Durch die industrielle Produktionsw
se werden die Lebensmittel immer ste
ler. Deshalb gibt es immer mehr All
gien", ist Haslberger überzeugt. Auf B
produkten fand Haslberger zumind
mehr Milchsäurebildner als in konvent
neller Ware. In einer anderen kleinen S
die fand der Forscher Hinweise dara
dass die Darmflora von Vegetariern a
ders beschaffen ist. Bei diesen gibt
demnach weniger Keime im Verdauun
trakt, die krebserregende Substanzen b
den.

Doch nicht nur durch ihren Einfl
auf die Darmflora könnten Mikroorgan
men auf Gemüse und Salat wünsche
wert sein. Die guten Keime sind näml
auch in der Lage, gefährliche Erre
wie Listerien, Pseudomonaden od
Escherichia Coli auf dem Grünzeug
Schach zu halten. So hemmen aus O
und Gemüse isolierte Laktobazillen d
Wachstum von Listerien auf Eisberg
lat, hat Jutta Zwielehner von der Univ
sity of Queensland kürzlich beobach
Andere Studien haben den Milchsäu
bildnern auch eine Wirkung gegen El
bescheinigt, so verlängerte das Bakte
um Bifidobacterium lactis die Über
bensrate von infizierten Ratten.

Doch leider beschädigt der Mensch
Wohngemeinschaften auf Salatblätte
und setzt sich so Gefahren aus. Beso
ders durch Verletzungen der Pflanze –
wa während küchenfertige Salate her
stellt werden – verändert sich die norm
le Phyllosphäre und schädliche Kei
können sich vermehren. Durch Schn
den tritt Zellsaft aus den Blättern a
und macht Nährstoffe verfügbar. Ho
Luftfeuchte in Plastikverpackungen v
bessert die Wachstumsbedingungen z
sätzlich. Gleichzeitig werden Enzy

Rücktrittserklärung ein

Ich habe in einem sehr freundschaftlichen Gespräch meine Frau informiert, dass ich mich von ihr zurückziehen werde, und um eine Scheidung gebeten. Es ist der schmerzlichste Schritt meines Lebens. Und ich gehe nicht alleine wegen meiner vielen Ehebrüche, wiewohl ich verstehe, dass diese für sie ein Anlass wären.

Ich trage bis zur Stunde Verantwortung für unser Auskommen. Verantwortung, die möglichst ungeteilte Konzentration und fehlerfreie Arbeit verlangt. Wenn allerdings, wie in den letzten Wochen geschehen, die Gespräche am Küchentisch fast ausschließlich auf eine blonde Person abzielen, der ich bisweilen beiwohne, so findet eine dramatische Verschiebung der Aufmerksamkeit statt. Und deswegen ziehe ich die Konsequenz, die ich auch von anderen Ehemännern verlangt habe und verlangt hätte.

Wohl niemand wird leicht, geschweige denn leichtfertig, eine gute Ehe aufgeben wollen, an der das ganze Herzblut hängt. Eine Ehe, die Verantwortung auch für meine Kinder beinhaltet. Angesichts massiver Vorwürfe bezüglich meiner Treue ist es mir auch ein aufrichtiges Anliegen, mich an der Klärung der Fragen hinsichtlich meiner Seitensprünge zu beteiligen.

Die enorme Wucht der Unzufriedenheit meiner Gattin, zu der ich selbst viel beigetragen habe, aber auch die Qualität ihrer brutalen

20.02.2011, 18:22

milienvorsitzenden

Vorwürfe bleiben nicht ohne Wirkung auf mich selbst und meine Nerven. Es ist bekannt, dass die Mechanismen im erotischen und emotionalen Geschäft zerstörerisch sein können. Wer sich fürs Heiraten entscheidet, darf, wenn dem so ist, kein Mitleid erwarten. Ich danke von ganzem Herzen der großen Mehrheit meiner Kollegen, den vielen Mitgliedern des Ortsvereins, meinem Hausarzt und insbesondere den Kindern, die mir bis heute den Rücken stärkten, als Papa nicht aufzugeben.

Und ich danke besonders meiner Frau für alle erfahrene Unterstützung in den vergangenen Jahren und ihr großes Vertrauen und Verständnis. Es ist mir aber nicht mehr möglich, den in mich gesetzten Erwartungen mit dem für mich notwendigen Maß an Unabhängigkeit in der Verantwortung gerecht zu werden. Insofern gebe ich meiner Schwiegermutter gerne recht, dass ich tatsächlich nicht zum Ehegatten, sondern eher zum begatten tauge. Abschließend ein Satz, der für einen Mann wie mich ungewöhnlich klingen mag: Liebe Ulla, das war's. Vielen Dank.

ittern   39   ▌f Empfehlen ⟨131⟩ 🗐 Senden   +1 ⟨0⟩   ✉ 🖨

**RECHTSTIPP:
DER JEDERMANN-
PARAGRAF**

Von RA Raphael Zimmermann

Ehemänner gehören zum Stadtbild wie Schaufenster und Bürgerstei-
ge. Ihre Aufgaben sind vielfältig, sie machen, grob gesagt, vieles, dürfen
aber nur wenig. Mögen sie auch aussehen wie Brad Pitt, haben sie doch
nur die Rechte, die jeder normale Bürger ohne Ehevertrag auch hat.

Eine wesentliche Rechtsgrundlage für ihr Handeln ist der Paragraf 127
der Strafprozessordnung (StPO), der »Jedermann-Paragraf«. Dort
steht: »Wird eine Frau bewundert, ist jedermann befugt, sie in den
Arm zu nehmen, wenn sie dies gestattet.« Wildfremde dürfen also
all das, was ein Ehemann darf. So muss beispielsweise niemand seinen Ausweis zeigen, wenn er flirtet. Über das Jedermann-Recht hinaus darf ein Ehemann allerdings die Hausordnung durchsetzen. Wenn
ein Fremder in seine Wohnung möchte, um dessen Frau zu besuchen,
kann er ihn an der Tür abweisen. Es ist ihm jedoch nicht gestattet, dabei nach Belieben Gewalt anzuwenden, ein Ehering allein berechtigt zu
nichts. Missliebige Personen etwa aus dem Haus zu prügeln, wie un-
längst in Bottrop geschehen, überschreitet die Kompetenz des Gatten
(Entscheidung des OLG Hamm vom 11.8.2011, Az 7 S 47/12). Wer sich
als Fremdgänger vom Ehemann falsch behandelt fühlt, sollte im Zweifel
immer die Polizei rufen.

Nachbemerkung

Es ist unschwer zu erkennen, dass es für die hier abgedruckten Texte Vorbilder gibt, ohne die dieses Buch nicht zustande gekommen wäre. Ich fand sie in Zeitungen, Zeitschriften, Büchern, in der Werbung, in Stellenanzeigen, in Broschüren, las Beipackzettel genauer als sonst und fand allerlei im Internet, besonders natürlich bei Wikipedia. Mir empfahl jemand den Reibert, das Handbuch für den deutschen Soldaten, ich blätterte bei Stiftung Warentest, in der SZ, in Kursangeboten der Volkshochschulen, las die AGB meines Stromlieferanten und erfreute mich an den Reden wichtiger Leute.

Ich danke allen Männern, die mir im Leben begegnet sind, nicht nur den Netten, sondern vor allem den Unmöglichen – inspirierten sie mich umso mehr zur Satire.

Mein besonderer Dank gilt meiner Lektorin Katharina von Savigny, die mich mit Verve und Sachverstand begleitet hat.

Die Autorin ist zu erreichen über www.claudiaschreiber.de